Mein Pferd wird schön

Tips für ein gut frisiertes Pferd

von
Valerie Watson

Illustrationen von
Carole Vincer

CADMOS

Aus dem Englischen von Simone Wiemken

Titel der Originalausgabe:
Valerie Watson, Manes and Tails
Threshold Picture Guide Nr. 1

Kavalkade Ratgeber Nr. 2
Cadmos Verlag
Für die deutsche Ausgabe:

Umschlaggestaltung: Ravenstein Brain Pool
Druck: Westermann Druck Zwickau GmbH

Printed in Germany
ISBN 3-86127-207-5

INHALT

MEIN PFERD WIRD SCHÖN

TIPS FÜR EIN GUT FRISIERTES PFERD

Einführung

Die Natur hat Pferden und Ponys Mähne und Schweif zu ihrem Schutz gegeben. Im Sommer schützt der Schopf die Augen vor Fliegen und Schweif und Mähne dienen ebenfalls der Abwehr von lästigen Insekten. Im Winter wird das Langhaar sehr fettig und damit wasserabweisend und schützt das Pferd vor Wind und Regen. Der buschige Schweifansatz verhindert, daß Wasser zwischen die Hinterbeine dringt, wenn sich das Pferd mit der Hinterhand gegen den Regen stellt.

Lange, wehende Mähnen und Schweife können sehr hübsch aussehen, wenn sie gut gepflegt sind, doch es ist schwierig, sie in gutem Zustand zu halten, vor allem, wenn das Pferd robust gehalten wird. Die Pferde scheuern sich am Zaun oder beim Wälzen, und die langen Schweifhaare können an Zäunen oder Hecken hängenbleiben, wenn das Pferd mit dem Schweif schlägt. Eine lange Mähne kann auch beim Reiten unpraktisch sein, weil man sie beim Nachfassen der Zügel immer in die Finger bekommt, und außerdem sieht eine lange Mähne beim Turnier oder auf der Jagd unprofessionell aus. Wer an solchen Veranstaltungen teilnehmen will, sollte Schweif und Mähne seines Pferdes frisieren. Wenn dies so geschieht, wie in diesem Buch beschrieben, wird das Pferd dadurch nur noch hübscher und hat durch die Verschönerung keine Nachteile.

Mähne und Schweif werden beim täglichen Putzen und vor dem Verziehen oder Einflechten durchgebürstet. Am besten eignet sich dazu eine Kardätsche; für grobes Langhaar kann auch eine alte, von langem Gebrauch weich gewordene Wurzelbürste verwendet werden. Mähne und Schweif können auch gewaschen werden, bei kühler Witterung sollte man sich jedoch auf das Waschen der Haare unterhalb der Schweifrübe beschränken. Manche Pferde reagieren sehr heftig, wenn ihnen Wasser auf die Schweifrübe dringt, deshalb sollten Pferde, die das Waschen des Schweifs noch nicht kennen, von einer zweiten Person abgelenkt und beruhigt werden.

Es gibt viele verschiedene Methoden des Einflechtens und Verziehens, doch wir haben uns auf solche beschränkt, die auch Neulinge unter den Pferdefriseuren leicht nachmachen können.

Wir wünschen unseren Lesern viel Erfolg und viel Spaß beim Frisieren ihrer Pferde. Nicht verzweifeln, wenn etwas nicht auf Anhieb klappt, denn auch hier gilt: Übung macht den Meister!

Das Genick freischneiden

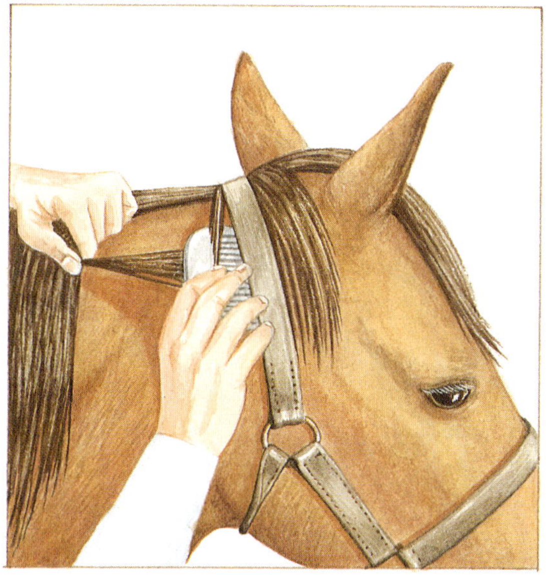

1. Einen etwa fünf Zentimeter breiten Mähnenstreifen hinter den Ohren abteilen - an der Stelle, an der das Genickstück des Zaumzeugs liegt.

2. Den Schopf nach vorn kämmen, die übrige Mähne mit dem Kamm zurückhalten. Das Mähnenbüschel im Genick abschneiden.

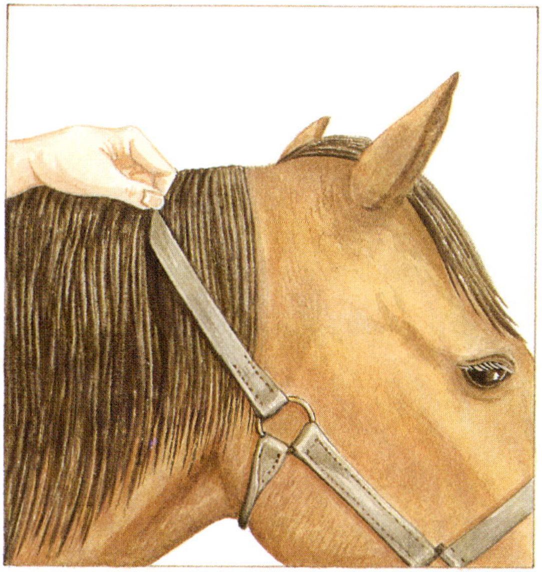

3. Dicht über dem Mähnenkamm noch einmal nachschneiden. Das freigeschnittene Stück soll aussehen, als wäre es mit der Maschine geschoren worden.

4. Das Genickstück liegt nun zwischen Schopf und Mähne flach auf, und das Pferd macht einen gepflegteren Eindruck.

DIE MÄHNE VERZIEHEN

„Verziehen" bedeutet, eine lange, dicke Mähne zu kürzen und auszudünnen, damit sie ordentlicher aussieht und leichter zu pflegen und einzuflechten ist. Dabei sollte jedoch nicht vergessen werden, daß die Mähne das Pferd vor Insekten, Wind und Regen schützt. Bei robust gehaltenen Pferden sollte deshalb eine Mindestlänge von 15 Zentimetern erhalten bleiben.

Beim Verziehen werden einzelne Strähnen des Mähnenhaars ausgerissen. Das kann bei dicken Mähnen ziemlich lange dauern. Die Haare lassen sich leichter ausziehen, wenn das Pferd warm ist, weil dann die Poren der Haut weit geöffnet sind. Es ist also einfacher für den Menschen und angenehmer für das Pferd, wenn man sich an einem warmen Tag oder nach dem Reiten an das Verziehen macht.

Bei der hier gezeigten Methode arbeitet man sich strähnchenweise vom Genick zum Widerrist vor. Abbildung 1 zeigt die Arbeit an der ersten Strähne. Die weiteren Abbildungen lassen erkennen, wie das fertig verzogene Teilstück aussehen soll.

Damit die Mähne flacher anliegt, wird der Großteil der Haare an der Mähnenunterseite weggenommen. Zum Schluß noch überstehende einzelne Haare werden ohne Zuhilfenahme des Kammes einfach mit den Fingern ausgezupft.

Wenn die Mähne sehr dick ist oder das Pferd sich die Prozedur nur ungern gefallen läßt, sollte nicht versucht werden, die gesamte Mähne an einem Tag zu verziehen. Auf keinen Fall zur Schere greifen. Eine geschnittene Mähne sieht immer furchtbar aus. Sollte sich das Pferd das Verziehen absolut nicht gefallenlassen, kann die Mähne auch mit einem Verziehmesser ausgedünnt werden.

Der Schopf wird genauso verzogen wie die Mähne und sollte hinterher dieselbe Länge haben wie diese.

VORHER

NACHHER

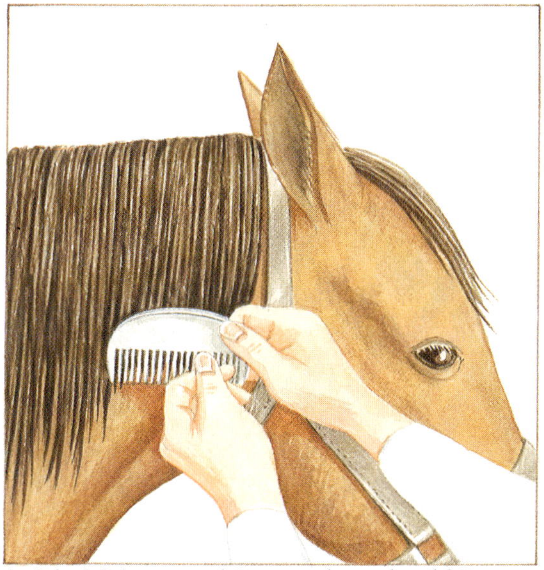

1. Die Mähne erst bürsten, dann durchkämmen. Die erste Strähne hinter den Ohren bis fast zum Ende durchkämmen. Die überstehenden langen Haare mit der linken Hand festhalten.

2. Die langen Haare gut festhalten und den Kamm mit dem übrigen Mähnenhaar wieder nach oben schieben. Ein Gummiband hält den Rest der Mähne zusammen, damit sie nicht im Weg ist.

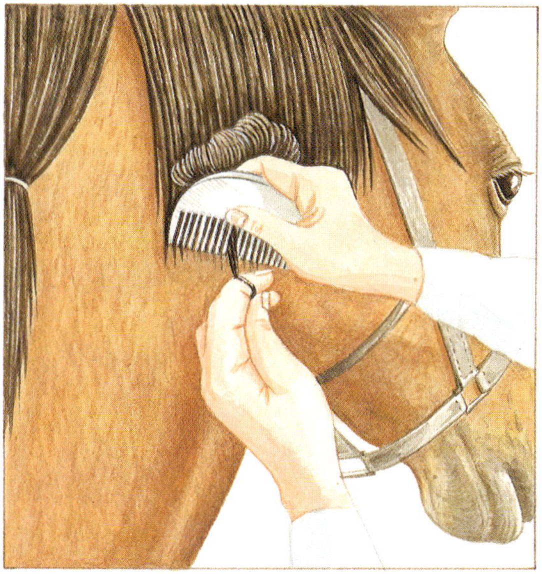

3. Die langen Haare um den Zeigefinger wickeln, um sie auszureißen. Meistens werden an der Unterseite der Mähne mehr Haare entfernt als an der Oberseite.

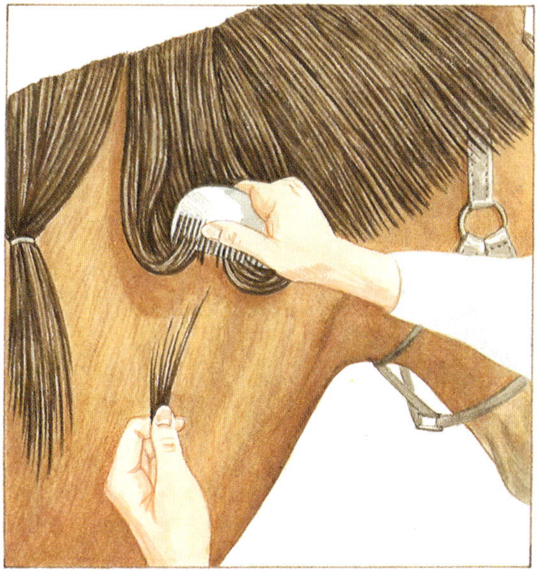

4. Die Haare mit Hilfe des Kamms mit einem Ruck ausreißen. Die Strähne durchkämmen und das Ganze wiederholen, bis die Mähne kurz und dünn genug ist.

Die Mähne einflechten

Zum Einflechten wird die Mähne in Strähnen unterteilt, die dann geflochten, eingerollt und so befestigt werden, daß sie schließlich als kleine, ordentliche Knoten dicht am Mähnenkamm anliegen. Ein eingeflochtenes Pferd sieht auf einem Turnier hübscher aus, und die Mähne ist dem Reiter beim Springen oder Jagdreiten nicht im Weg. Auf Turnieren wünschen die Richter gewöhnlich eingeflochtene Mähnen zu sehen. Wenn das Mähnenhaar geflochten ist, sollte der Schweif des harmonischeren Bildes wegen verzogen oder ebenfalls eingeflochten sein. Bei manchen Pferderassen wie etwa Arabern und Isländern ist das Einflechten nicht üblich - sie werden mit offener Mähne auf dem Turnier vorgestellt. Um eine Mähne, die sich auf beide Halsseiten verteilt, auf eine Seite zu bekommen, bürstet man die widerspenstigen Büschel auf die richtige Seite, feuchtet sie an und unterteilt sie in Strähnen, die von einem Gummiband zusammengehalten werden. Die Gummibänder dürfen nicht über Nacht in der Mähne bleiben.
Anfänger können zum Einflechten der Mähne bis zu eine Stunde brauchen, Könner schaffen es in fünfzehn Minuten.

Tips zum Einflechten:

1 Eine verzogene Mähne läßt sich leichter einflechten. Bei einer langen, dicken Mähne sehen die geflochtenen Knoten aus wie klobige Golfbälle.

2 Die Mähne erst gründlich durchbürsten, dann mit einer Waschbürste gut anfeuchten. Feuchtes Haar läßt sich leichter flechten, vor allem, wenn es sehr fein ist. Manche Leute verwenden sogar Haarspray, um auf dem Mähnenkamm überstehende Haare zu bändigen.

3 Die zu flechtenden Strähnen mit dem Kamm sauber abteilen, damit auch wirklich alle Haare erfaßt werden.

4 Möglichst stramm flechten, vor allem am Haaransatz. Lockere Zöpfe liegen nicht fest an, sehen unordentlich aus und können sich im entscheidenden Moment auflösen.

5 Alle Zöpfe sollten dieselbe Breite haben. Die Mähne in sieben, neun oder elf Abschnitte aufteilen, damit es mit dem Schopf eine gerade Zahl ergibt. Zum Abmessen der Abschnitte kann der Mähnenkamm verwendet werden, wer ganz sicher gehen will, benutzt ein Lineal.

Ein gepflegtes, hübsch eingeflochtenes Pferd ist eine Augenweide. Mit geflochtener Mähne sieht selbst das gewöhnlichste Pferd aus wie ein Star.
Es ist möglich, gewisse Mängel im Gebäude durch geschicktes Einflechten zu kaschieren. Zum Beispiel lassen viele kleine Zöpfe einen kurzen, dicken Hals länger wirken.
Ein langer Hals wird optisch kürzer, wenn man die Mähne in möglichst wenige Zöpfe flicht.
Bei einem Hirschhals empfiehlt es sich, die Zöpfe an der tiefsten Stelle etwas dicker zu machen als an den Enden.
Für einen dicken Speckhals gilt das Gegenteil. Er sieht besser aus, wenn die Zöpfe in der Mitte möglichst klein sind und zum Widerrist und zum Genick hin wieder dicker werden.
Die Mähne schon am Vorabend eines Turniers einzuflechten, ist ein Risiko. Wenn dem Pferd die stramm geflochtenen Haare unangenehm sind, wird es sich in der Nacht scheuern. Das bedeutet nicht nur, daß die ganze Einflechtarbeit umsonst war, sondern kann auch viele Haare kosten.
Die Abbildungen zeigen zwei Arten des Einflechtens: eine mit Nadel und Faden, die andere mit Gummibändern.
Wenn die Zöpfe den ganzen Tag halten sollen, ist es sicherer, sie zu vernähen.
Gummibänder sind praktischer, wenn es schnell gehen soll und die Zöpfe nur kurze Zeit geflochten bleiben müssen. Ein Gummiband pro Zopf reicht aus, es ist jedoch sicherer, zwei zu verwenden, falls eines reißt.
In jedem Fall sollten Faden oder Gummiband farblich zur Mähne passen und nicht zu sehen sein. Die schönsten Zöpfe sind die, die aussehen, als hielten sie wie durch Zauberei.

DIE MÄHNE EINFLECHTEN MIT NADEL UND FADEN

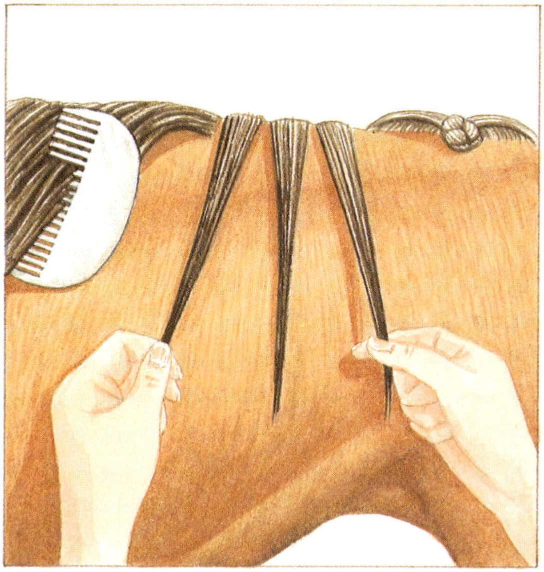

1. Der erste Zopf ist fertig und der zweite Abschnitt zum Flechten vorbereitet. Die Haare anfeuchten und mit dem Mähnenkamm in drei glatte Strähnen unterteilen.

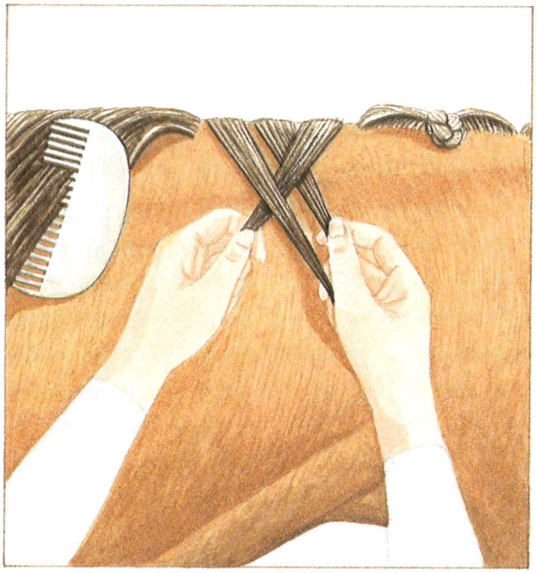

2. Erst die rechte Strähne über die Mitte legen, dann die linke usw. bis zum Ende. Stramm flechten, damit der Zopf straff anliegt und sich nicht wieder auflöst.

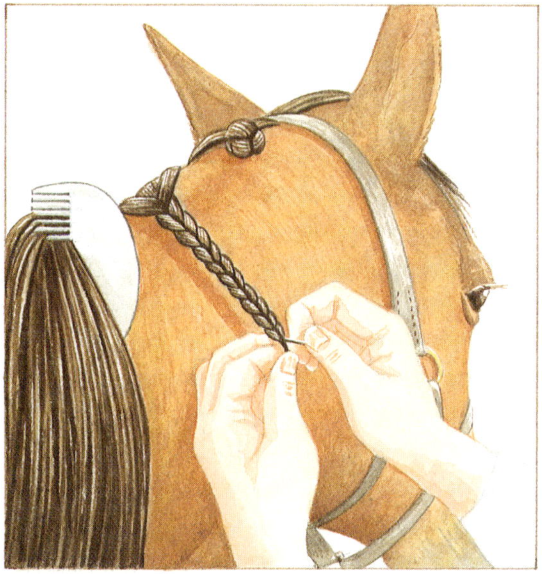

3. Das Ende des Zopfes gut festhalten. Mit der Nadel hindurchstechen, den am Ende geknoteten Faden mehrmals herumwickeln und noch ein paarmal hindurchstechen.

4. Die losen Endhaare nach hinten umlegen. Den Zopf noch einmal mit dem Faden umwickeln und vernähen, damit ein ordentliches, fest vernähtes Ende entsteht.

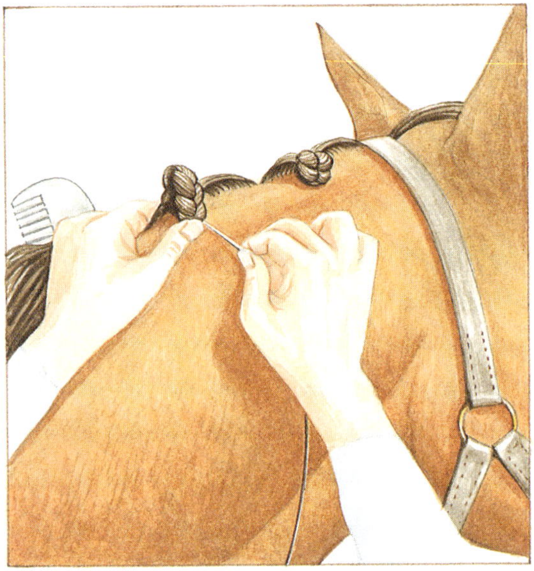

5. Den Zopf zum Hals hin einmal falten, so daß eine Schlaufe entsteht, die zusammengenäht wird. Darauf achten, das Pferd nicht mit der Nadel in den Hals zu stechen.

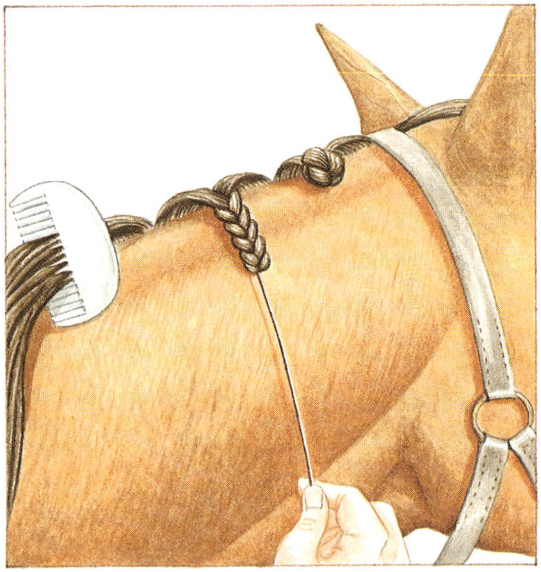

6. Der gefaltete Zopf sollte nun am Hals anliegen. Er wird möglichst eng aufgerollt, bis er dicht am Mähnenkamm liegt.

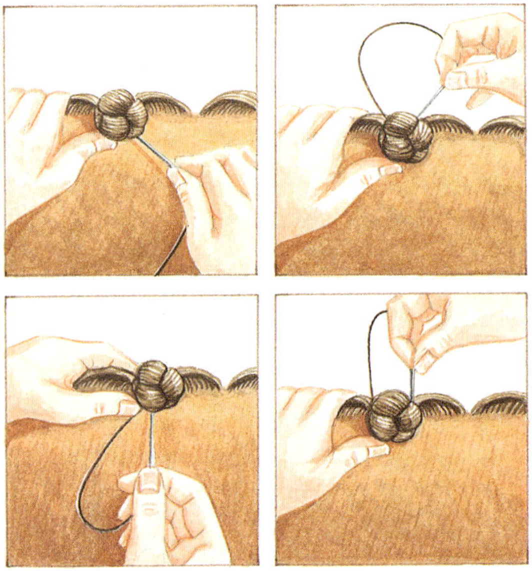

7. Schließlich wird der Knoten so vernäht, wie auf den Abbildungen zu sehen ist. Eventuell noch hervorstehende Haare werden mit festgenäht.

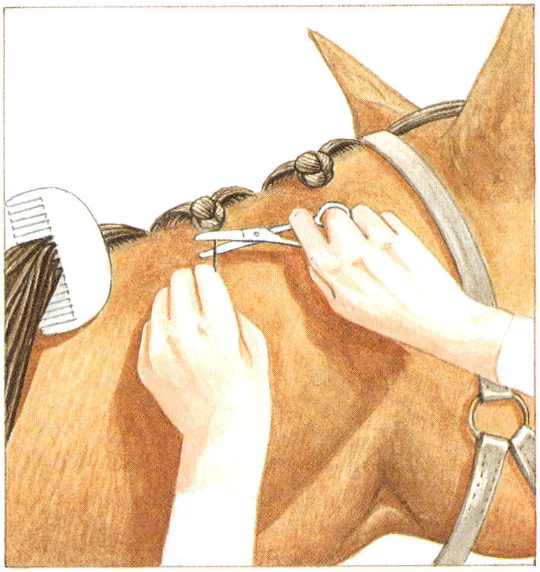

8. Der Faden sollte möglichst nicht zu sehen sein. Der letzte Stich wird abwärts geführt und der Faden direkt unter dem Knoten abgeschnitten.

Die Mähne einflechten Mit Gummibändern

1. Vorgehen, wie auf Seite 9 beschrieben, doch statt des Fadens ein Gummiband um das Zopfende schlingen. Nicht das gesamte Band verwenden.

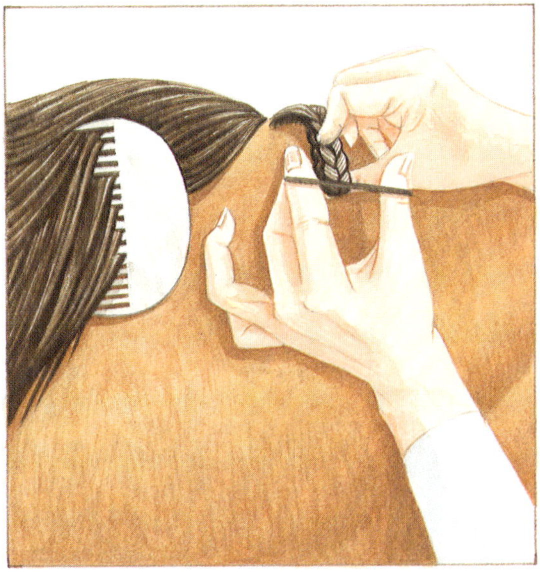

2. Den Zopf nach innen umlegen und mit dem Rest vom Gummiband sichern. Längere Gummibänder sind für Anfänger leichter zu handhaben als die kurzen Mähnengummis.

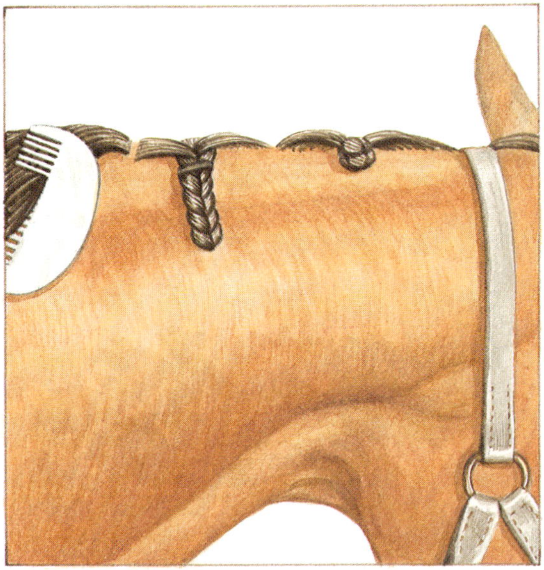

3. Der Zopf ist gesichert und kann aufgerollt werden, bis er dicht am Mähnenkamm anliegt. Die Gummibänder sollten farblich zur Mähne passen.

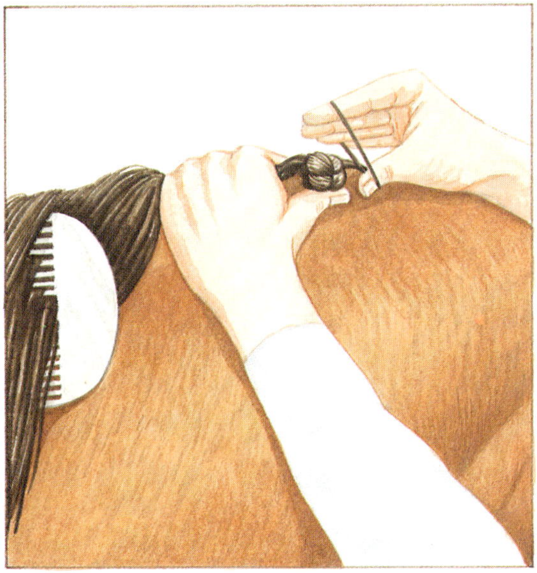

4. Den Zopf noch einmal falten oder aufrollen. Ein zweites Gummiband so oft wie möglich um den gesamten Knoten schlingen.

Wichtige Tips

Dieses Pferd hat einen Hirschhals. Der Unterhals tritt hervor und die Oberlinie erscheint unvorteilhaft. Sind die Zöpfe in der Vertiefung größer, wirkt der Hals schöner.

Die Mähne mit Gummibändern in sieben, neun oder elf Abschnitte unterteilen, die in der Mitte des Halses breiter werden. Einflechten, wie gewohnt.

Der Speckhals läßt das Pferd klobig erscheinen, und dieser Eindruck wird durch eine dicke Mähne noch verstärkt.

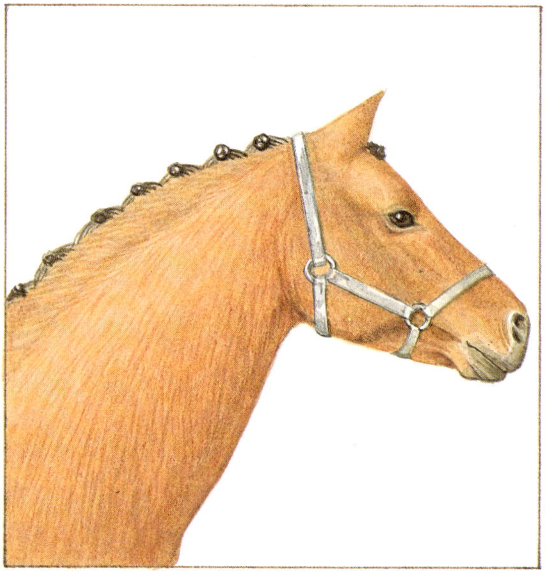

Die Mähne in schmale Abschnitte unterteilen, die auf dem dicksten Teil des Halses noch schmaler werden. Einflechten, wie gewohnt. Der Hals wirkt weniger schwer.

Die Mähne abscheren

Ob Schopf und Mähne komplett geschoren werden sollen, ist eine Entscheidung, die reiflich überlegt sein will.

Vorteile:

1 Der Hals sieht immer ordentlich aus, und die Mähne ist beim Reiten nicht im Weg.
2 Bei Pferden, die sich häufig scheuern, weil sie zum Beispiel unter Sommerekzem leiden, ist die Mähne oft so zerzaust, daß sie abgeschoren werden muß, damit sie gleichmäßig nachwachsen kann.

Nachteile:

1 Eine Schermaschine ist erforderlich, die man sich kaufen, mieten oder leihen muß.
2 Bei Pferden, die nicht bereit sind, mit gesenktem Kopf stillzustehen, braucht man einen Helfer.
3 Eine geschorene Mähne bietet keinerlei Schutz. Pferde mit geschorener Mähne **brauchen** einen Unterstand, in dem sie sich vor Regen und Fliegen schützen können.
4 Die Mähne wächst schnell nach und muß mindestens einmal im Monat nachgeschoren werden.
5 Eine geschorene Mähne paßt am besten zu kräftigen Kleinpferden mit einem dicken Hals. Ein dünner oder fehlerhafter Hals wird dadurch noch auffälliger.
6 Wenn die Mähne nachwächst, wird sie die erste Zeit wie ein Handfeger abstehen, und es dauert mehrere Monate, bis sie so lang ist, daß man sie wieder einflechten kann.

VORHER

NACHHER

1. Einen erfahrenen Helfer bitten, das Pferd festzuhalten. Prüfen, ob die Schermaschine sauber und gut geölt ist und einwandfrei arbeitet. In der Mitte des Halses anfangen.

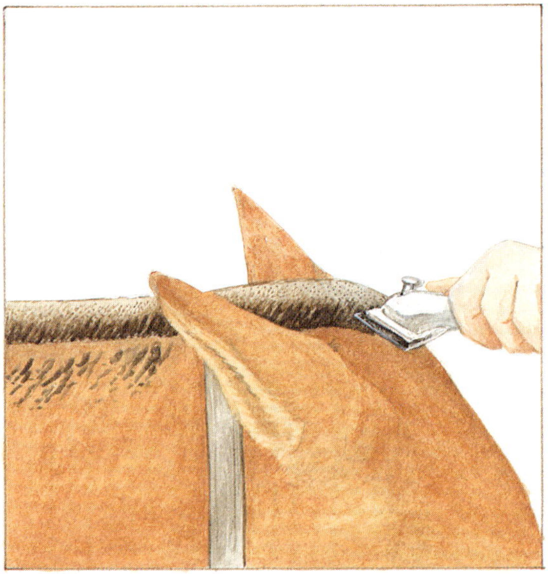

2. Am Genick aufhören. Das Pferd sollte gelernt haben, mit vorwärts, abwärts gestrecktem Hals stillzustehen. Den Schopf entgegen der Haarrichtung abscheren.

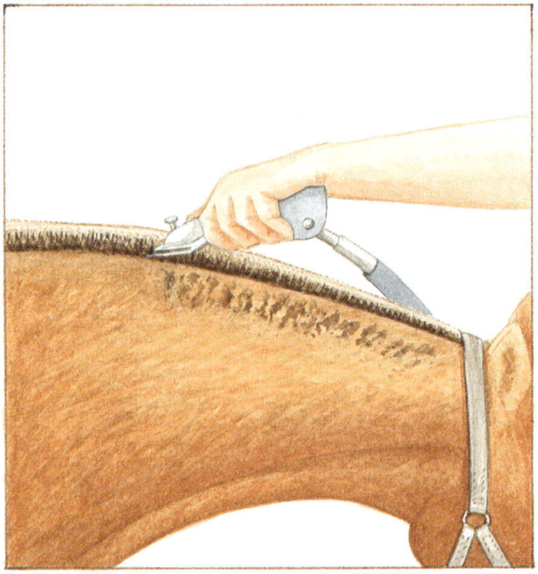

3. Auch in die Gegenrichtung scheren, abhängig davon, in welche Richtung die Haare wachsen. Beide Seiten des Mähnenkamms scheren, aber keine Fellhaare wegnehmen.

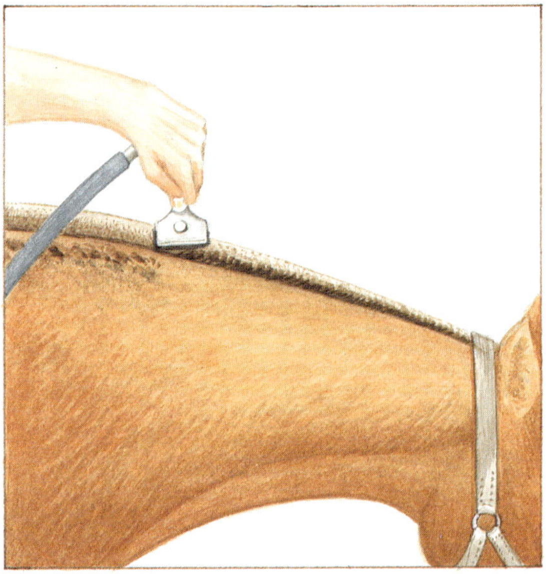

4. Ist der Mähnenkamm faltig, wird quer zur Haarrichtung geschoren. Die fertig geschorene Mähne soll gerade aussehen und an beiden Seiten eine saubere Kante haben.

Die Schweifspitzen schneiden

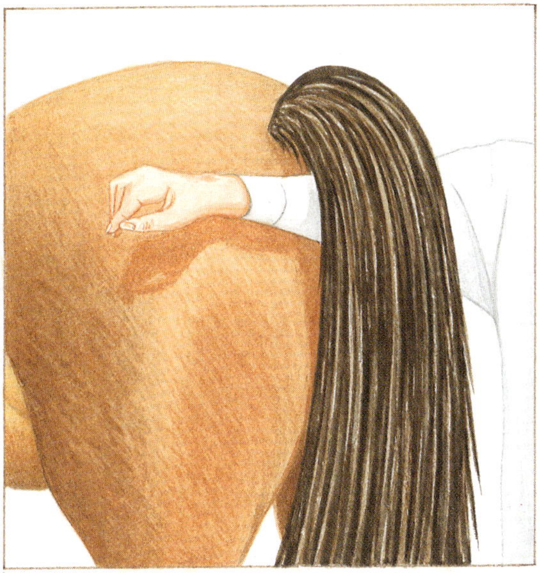

1. Um den Schweif nicht zu kurz abzuschneiden, einen Arm unter die Schweifrübe legen und ihn so anheben, wie er auch in der Bewegung getragen wird.

2. Den Schweif mit dem rechten Arm hochhalten, mit der linken Hand am Schweif hinunterstreichen bis zur Kastanie. Das Schweifende gut festhalten.

3. Den Schweif gerade abschneiden oder so frisieren, daß die Haare in der Mitte etwas länger sind als außen. Wer kleine Hände hat, könnte hierbei Probleme bekommen.

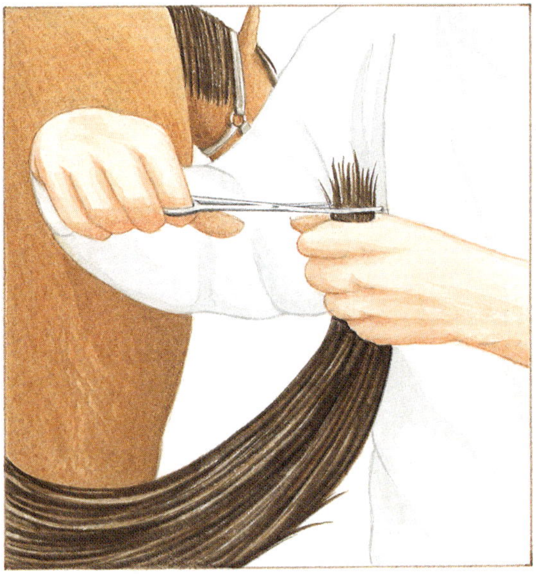

4. Schritt 2 wiederholen und die Spitzen noch einmal nachschneiden. In der Bewegung sollte das Schweifende nun parallel zum Boden hängen.

Den Schweif verziehen

Beim Verziehen des Schweifs werden die Haare an den Seiten und in Maßen auch in der Mitte der Schweifrübe ausgezupft, um Form und Eleganz der Kruppe hervorzuheben.

Vorteile:

1 Der Schweif sieht immer gepflegt aus und braucht nicht vor jedem Turnier eingeflochten werden.

2 Wenn das Pferd sich die Schweifhaare so kurz gescheuert hat, daß man sie nicht mehr einflechten kann, sieht es mit dem verzogenen Schweif trotzdem gepflegt aus. Bei anhaltendem Schweifscheuern sollte der Tierarzt hinzugezogen werden, denn das Pferd könnte unter Würmern oder einem Ekzem leiden.

Nachteile:

1 Ein verzogener Schweif bietet weniger Schutz vor schlechtem Wetter. Bei Pferden, die auch im Winter täglichen Auslauf haben, darf der Schweif nicht verzogen werden.

2 Einmal wöchentlich muß nachfrisiert werden, damit der Schweif seine schöne Form behält.

3 Wenn der Schweif wieder nachwachsen soll, wird er eine Zeitlang unordentlich aussehen.

Um ein gutes Ergebnis zu erzielen, müssen an den Seiten mehr Haare entfernt werden als in der Mitte. Immer nur wenige Haare auf einmal auszupfen, damit keine Löcher entstehen. Es ist kein Problem, bei Bedarf noch mehr Haare wegzunehmen, doch wieder ankleben kann man sie nicht! Der fertig verzogene Schweif soll an der Rübe schmal und elegant aussehen und nach unten hin breiter werden.

Wie die Mähnenhaare lassen sich auch die Schweifhaare leichter auszupfen, wenn das Pferd warm ist. Wenn das Pferd das Verziehen noch nicht kennt, sollte die Arbeit im Laufe von mehreren Tagen durchgeführt werden. Es kann gefährlich sein, beim Verziehen direkt hinter dem Pferd zu stehen. Bei empfindlichen Pferden ist es sicherer, sich an die Seite zu stellen und sie zudem von einem Helfer ablenken zu lassen. Wenn der Schweif fertig ist, wird er mit einer Waschbürste angefeuchtet und dann bandagiert. Die Bandage darf nicht über Nacht am Schweif bleiben. Um sie zu entfernen, werden die Bänder gelöst, und die Bandage nach unten abgestreift.

VORHER

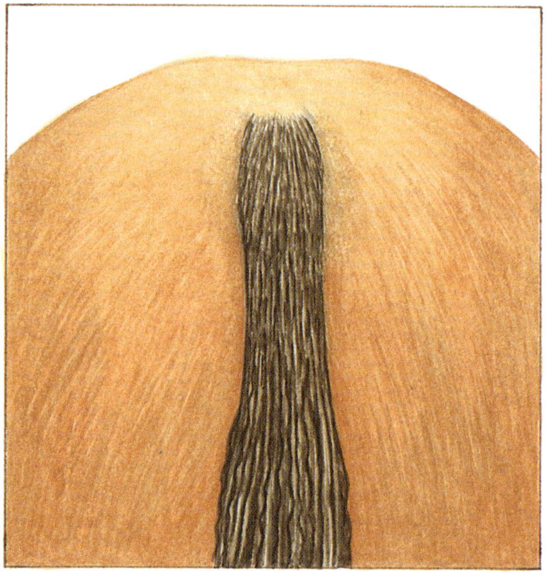

NACHHER

1. Den Schweif bürsten. Die Haare an der Schweifrübe kämmen. Eine Strähne herauskämmen, die längsten Haare festhalten und die übrigen mit dem Kamm zurückschieben.

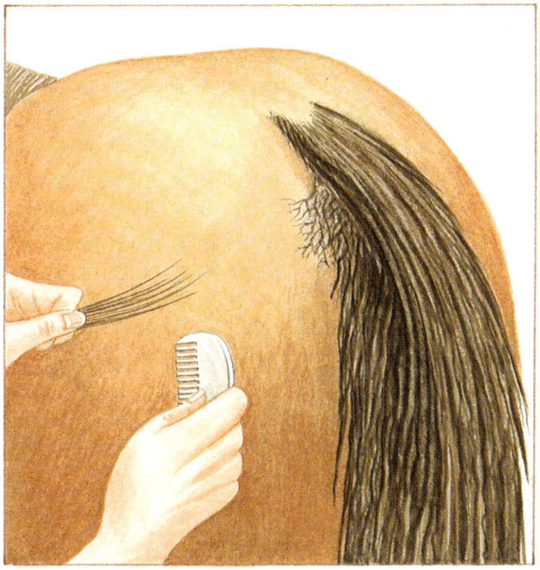

2. Die Haare mit einem kräftigen Ruck ausreißen. Eventuell den Kamm zur Hilfe nehmen. Die beiden Schritte wiederholen und nie zuviel Haar auf einmal nehmen.

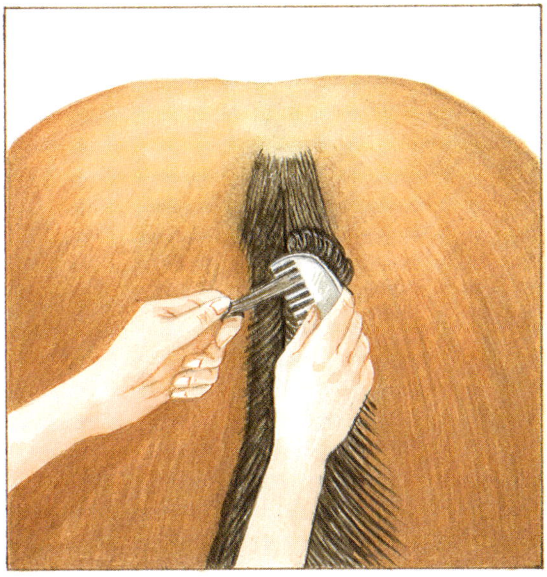

3. In der Mitte der Schweifrübe genauso vorgehen wie an den Seiten, aber weniger Haare wegnehmen. Die Schweifrübe soll gleichmäßig behaart aussehen.

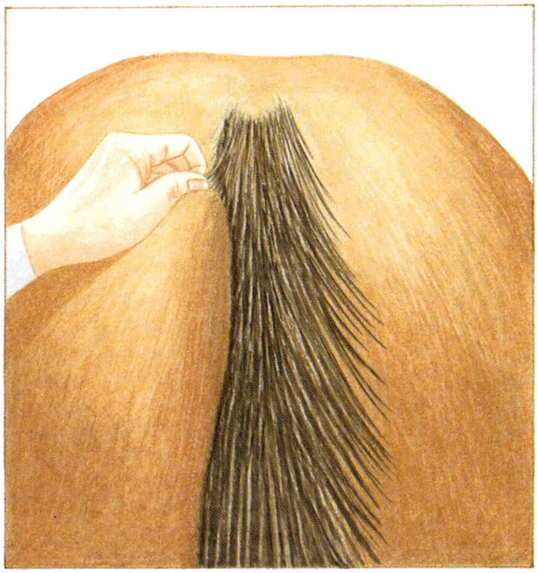

4. Einzelne überstehende Haare auszupfen. Die andere Seite verziehen, damit beide Seiten gleich aussehen. Zum Schluß den Schweif bandagieren (siehe Seite 20).

Den Schweif einflechten Methode 1

Wenn die Mähne eingeflochten ist, sollte der Schweif entweder verzogen oder ebenfalls eingeflochten sein. Ein hübsch geflochtener Schweif ist ein schöner Anblick, und obwohl das Endergebnis kompliziert aussieht, ist das Flechten doch ganz einfach.

Zum Einflechten muß der Schweif:

1 Naturbelassen, dicht und gesund sein. Ein abgescheuerter oder verzogener Schweif kann nicht eingeflochten werden.

2 Sauber und gut durchgebürstet sein. (Vorsicht: Schweifhaare fallen leicht aus - zum Üben also nur mit einer sehr weichen Bürste arbeiten, weil sonst nach einiger Zeit keine Haare mehr da sind, die geflochten werden könnten!)

Tips zum Einflechten:

1 Das Haar vorher gut anfeuchten.

2 Je straffer zu Anfang geflochten wird, desto besser hält der gesamte Zopf.

3 Annähernd bis zum Ende der Schweifrübe flechten und dann den Zopf zu Ende flechten. Ein kurzer Zopf wirkt weniger elegant.

Sofort nach dem Flechten wird der Schweif mit einem nassen Schwamm betupft und dann einbandagiert. Wenn die Bandage wieder entfernt werden soll, muß sie vorsichtig abgewickelt werden. Sie einfach nach unten abzustreifen, würde die Flechtarbeit zerstören.

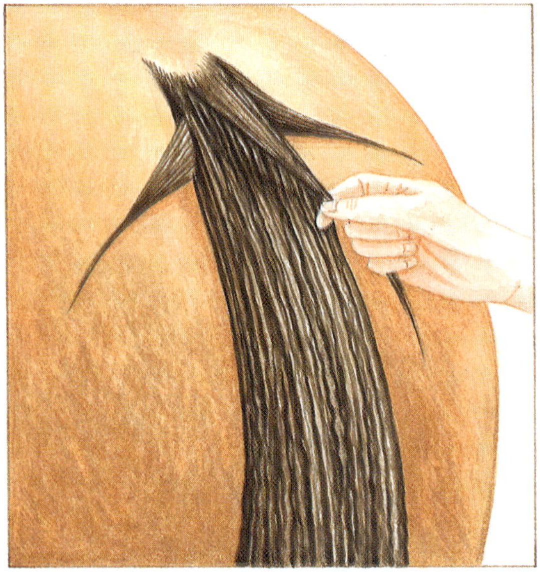

1. Den Schweif durchbürsten. Den Schweifansatz kämmen und befeuchten. So weit oben wie möglich je eine Strähne von den Seiten und eine aus der Mitte nehmen.

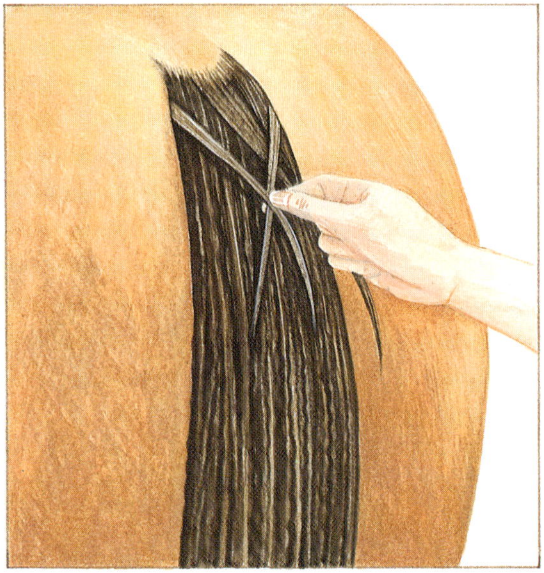

2. Flechten, wie auf Seite 9, Abb. 2, gezeigt, aber die Strähnen mit einer Hand zwischen Daumen und Zeigefinger halten. Die freie Hand fügt neue Strähnen hinzu.

3. Abwechselnd von beiden Seiten der Schweifrübe neue Strähnen hinzunehmen. Sie müssen dünn sein, damit der fertige Zopf schmal und elegant aussieht.

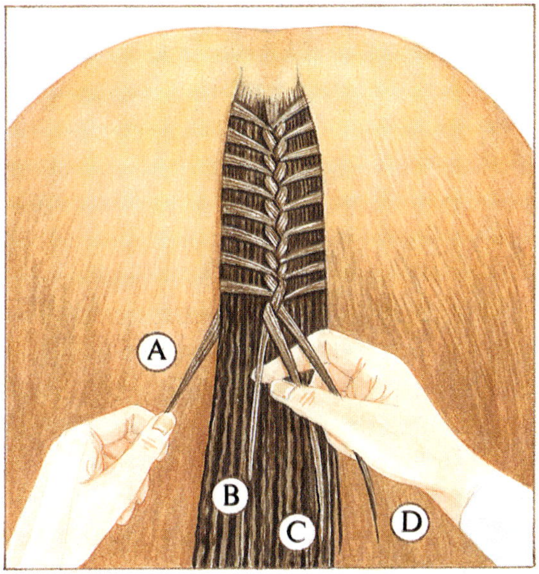

4. Die neue Strähne A ist vorbereitet. B, C und D liegen einzeln in der rechten Hand. A und B zusammenfügen und zwischen Mittel- und Zeigefinger der linken Hand festhalten.

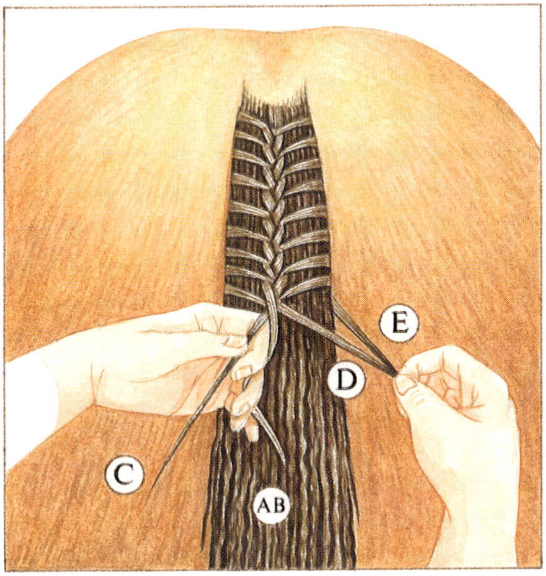

5. C an Mittel- und Zeigefinger der linken Hand übergeben. Neue Strähne E kommt zu D, AB zu C in die rechte Hand. C nimmt jetzt denselben Platz ein wie B in Schritt 4.

6. Am Ende der Schweifrübe keine neuen Strähnen von den Seiten mehr hinzufügen, sondern nur noch nach unten flechten (oder den Schweif hochbinden, siehe Seite 23).

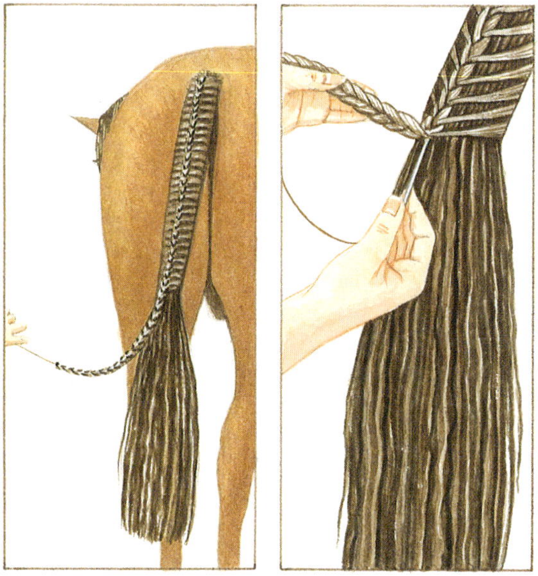

7 und 8. Das Ende vernähen, wie auf Abb. 3 und 4 auf Seite 9 zu sehen. Das Ende nach oben umlegen und unter dem Zopf festnähen.

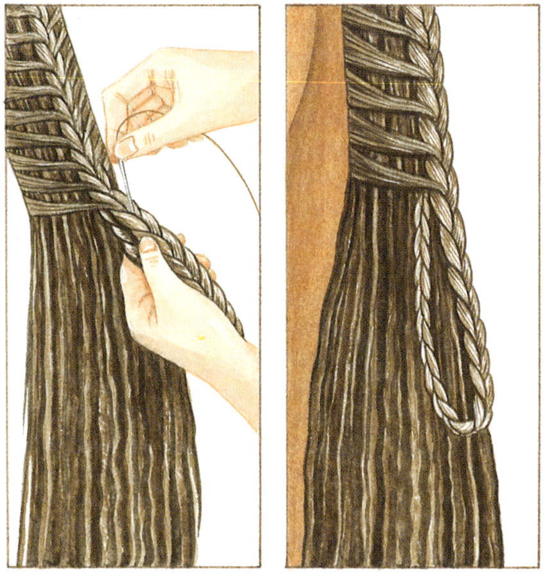

9 und 10. So vernähen, daß eine adrette Schlaufe entsteht. Zum Schluß soll a) der Zopf halten, b) das Ende nicht hervorschauen,und c) der Faden nicht zu sehen sein.

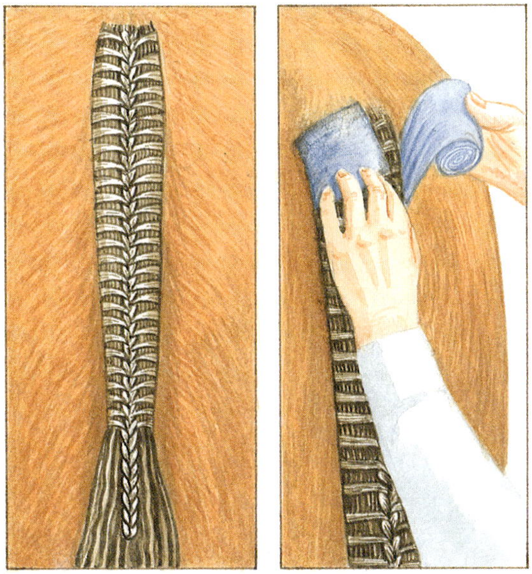

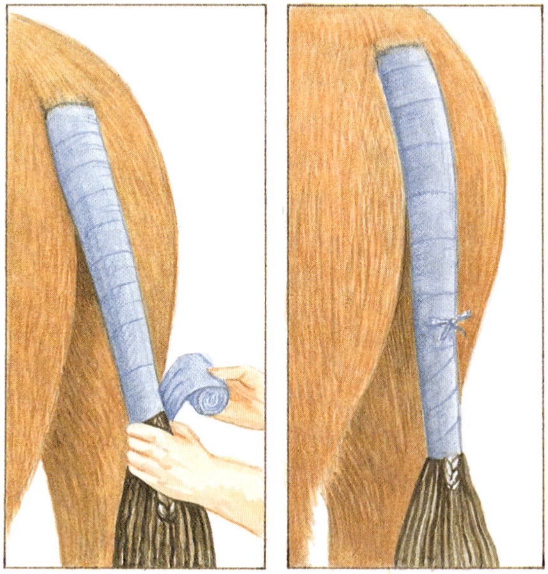

Schweifbandage anlegen. Den Schweif anfeuchten. Ein kurzes Stück Bandage abrollen. Oben unter den Schweif legen. Dort festhalten und straff wickeln. Bis an Ende der Schweifrübe dann, wieder aufwärts wickeln, bis die Bandage aufgebraucht ist. Eine Schleife binden, und die Schweifrübe wieder in ihre natürliche Haltung biegen.

DEN SCHWEIF EINFLECHTEN METHODE 2

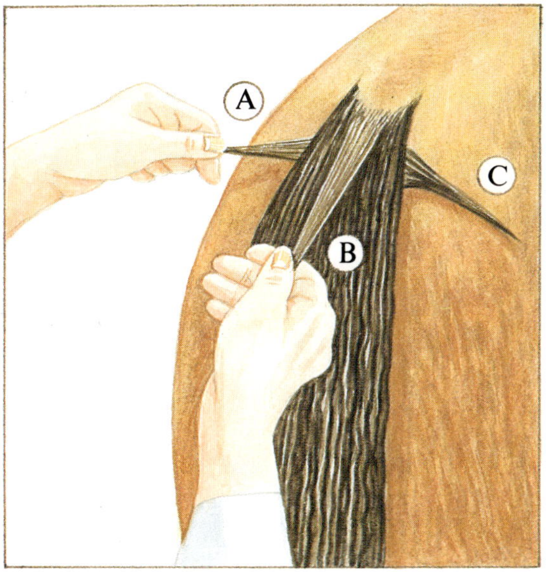

1. Hier liegt der Zopf außen. Vor dem Anfangen das Flechten rechts unter die Mitte, links unter die Mitte üben. Dann beginnen wie bei Methode 1.

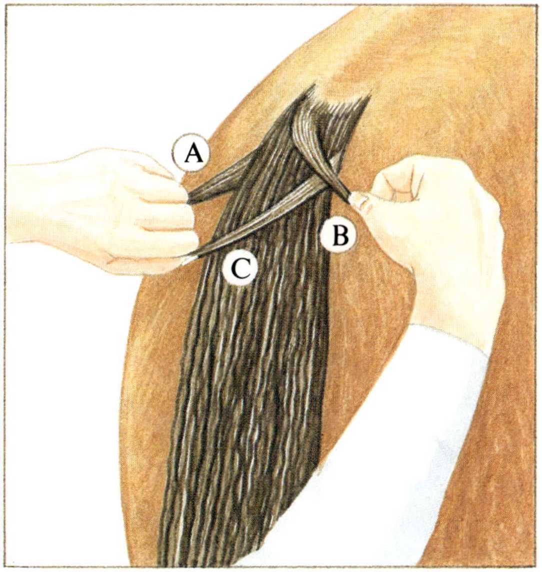

2. Anfangen zu flechten, C unter B., A geht dann unter B, aber es ist einfacher, erst mit der rechten Hand eine neue dünne Strähne D auszuwählen.

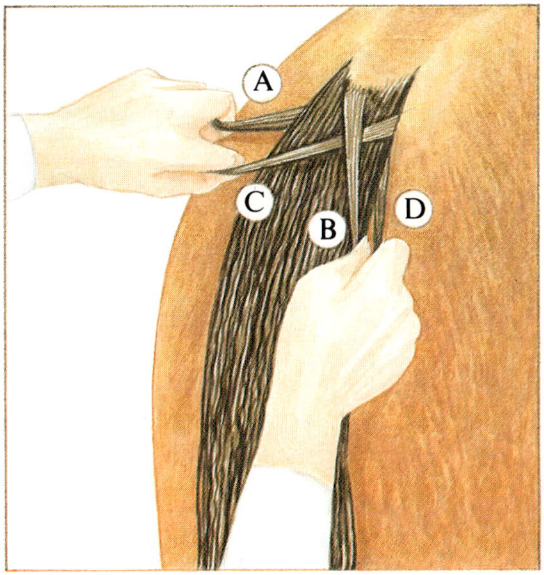

3. B und D zusammenlegen. BD zwischen Mittel-, und Zeigefinger rechten Hand, linkes Handgelenk drehen und A unter C hindurch an die rechte Hand übergeben.

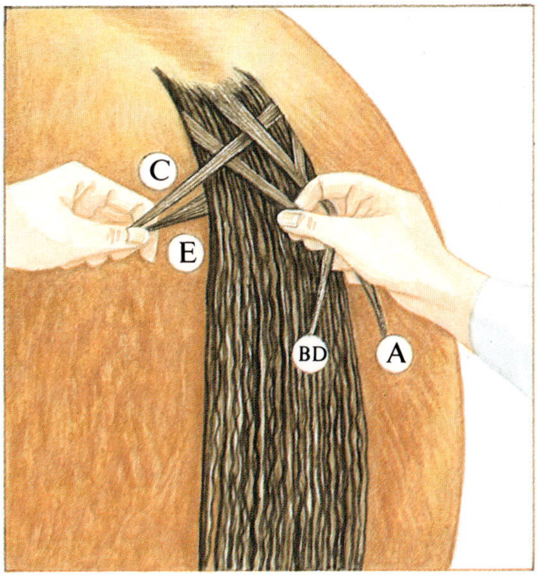

4. Neue Strähne E zu C legen. CE zwischen Mittel- und Zeigefinger der linken Hand halten, rechtes Handgelenk drehen und BD unter A hindurch an die linke Hand übergeben.

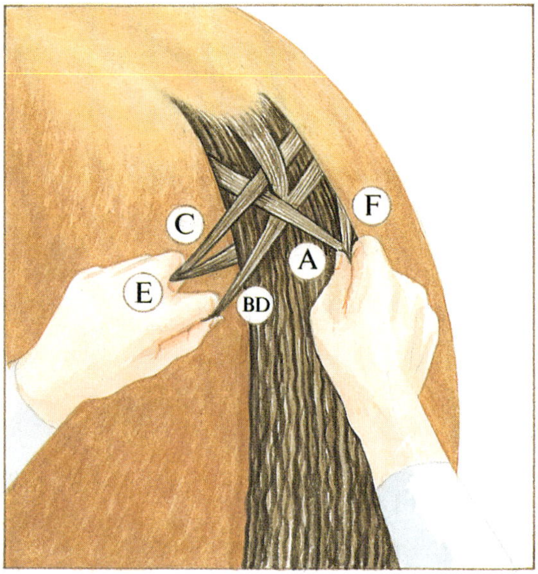

5. Neue Strähne F zu A legen. AF zwischen Mittel- und Zeigefinger der rechten Hand halten, linkes Handgelenk drehen und CE unter BD hindurch an die rechte Hand übergeben.

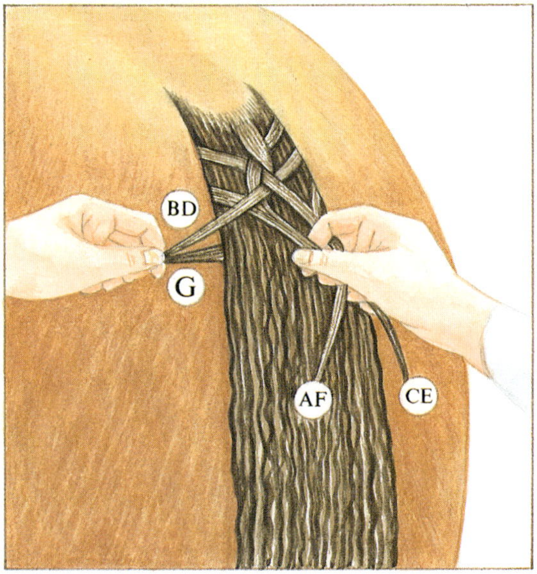

6. Neue Strähne G zu BD legen. Fortfahren, wie beschrieben, bis zum Ende der Schweifrübe; straff flechten. Beenden, wie auf Seiten 20 und 23 beschrieben.

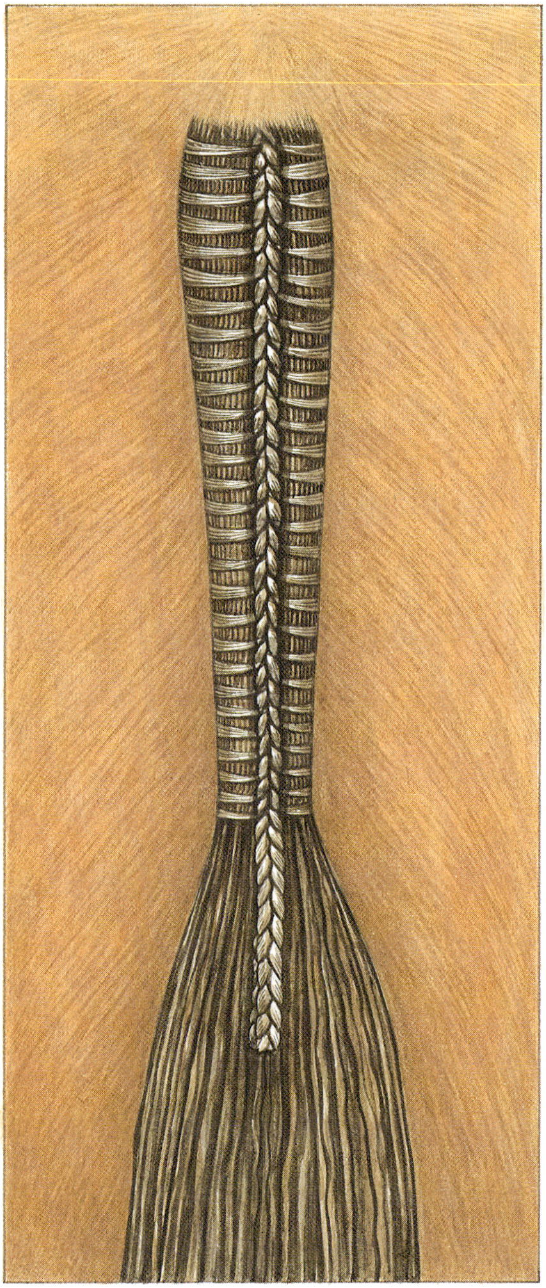

Den Schweif hochbinden

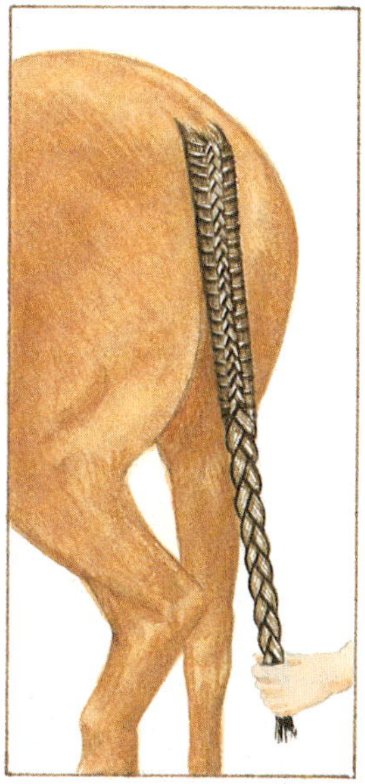

1 und 2. Am Ende der Schweifrübe angekommen, den Schweif in drei dicke Strähnen aufteilen. Je eine von ihnen zu den bereits vorhandenen geben und nach unten flechten.

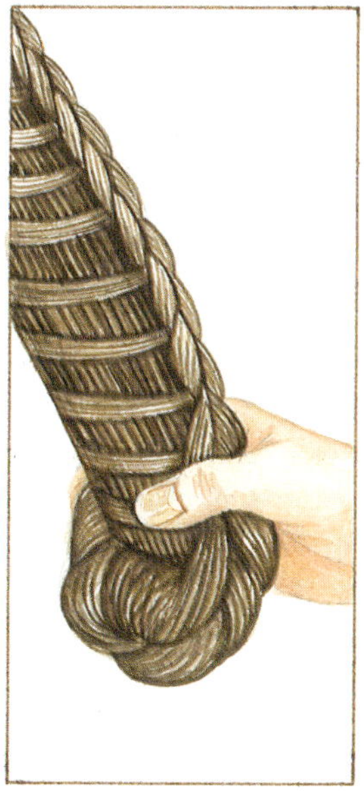

3 und 4. Mit einem Gummiband sichern oder festnähen. Den dicken Zopf aufrollen und beiderseits der Schweifrübe festnähen. Vorsicht: Das Pferd nicht mit der Nadel stechen.

Für Geländeritte, Jagden oder Springprüfungen auf schlammigem Platz empfiehlt es sich, den Schweif hochzubinden. Es gibt Pferde, die es nicht mögen, wenn ihnen ihr schlammiger Schweif um die Beine schlägt, und manchmal schlagen sie sogar danach aus, was die Mitreiter gefährden könnte. Ein hochgebundener Schweif ist dem Pferd angenehmer und wird zudem weniger schmutzig.

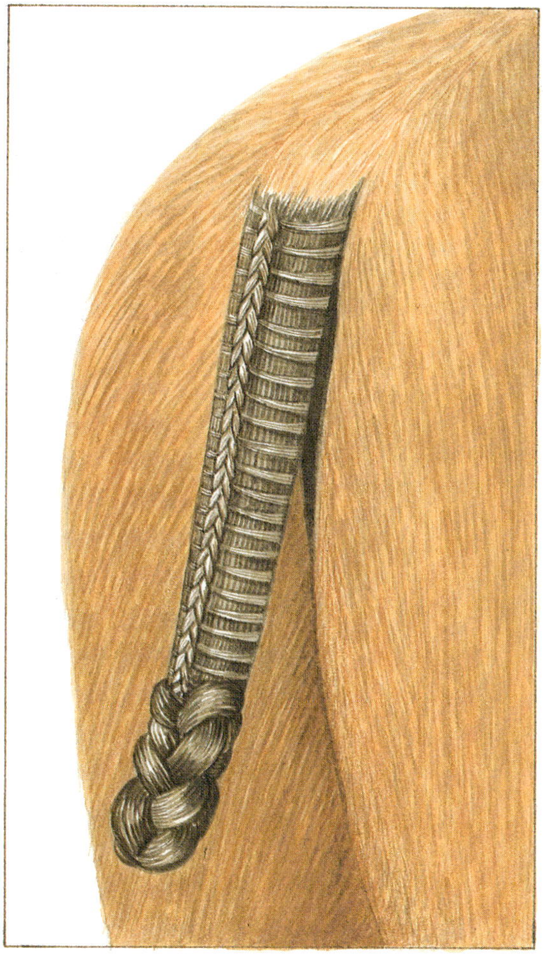

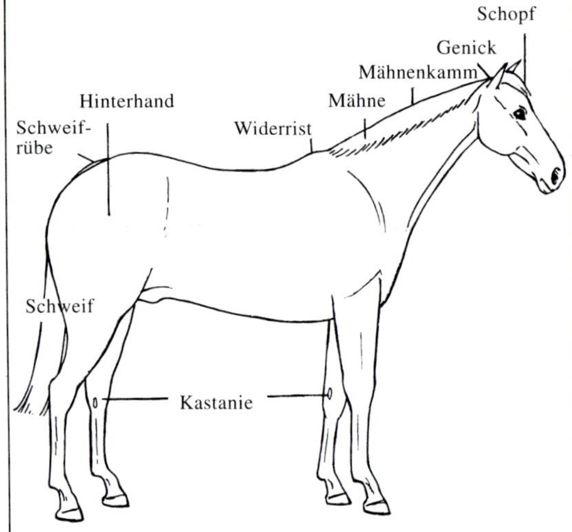

Sicherheitstips

- An einem sicheren, ruhigen Ort arbeiten, der dem Pferd bekannt ist: eine Weide, ein eingezäunter Hof oder ein gut beleuchteter Stall.
- Nicht vergessen, das Koppeltor oder die Stalltür zu schließen.
- Das Pferd an einem stabilen Mauerring oder Pfosten anbinden.
- Immer damit rechnen, daß das Pferd ausschlagen könnte. Nie direkt dahinter stellen.
- Bei Arbeiten mit der elektrischen Schermaschine Schuhe mit Gummisohlen tragen.
- Das Kabel der Schermaschine außer Reichweite des Pferdes verlegen.
- An feuchten Tagen niemals im Freien scheren.
- Mit Ruhe vorgehen. Hastiges Arbeiten unter Zeitdruck macht das Pferd nervös.
- Gelassen, aber entschieden vorgehen.
- Nie in Panik geraten, was auch immer passiert.

Die benötigte Ausrüstung

Halfter und Führleine mit Panikhaken.
Das Genick freischneiden:
Mähnenkamm.
Schere mit abgerundeten Spitzen.
Mähne und Schweif verziehen:
Ein Heunetz, um das Pferd abzulenken.
Strohballen, die beim Verziehen des Schweifs hinter dem Pferd aufgestapelt werden, um als Schlagschutz zu dienen.
Mähnenkamm, Kardätsche, Waschbürste.
Ein Gummiband, das die Mähne aus dem Weg hält.
Schweifbandage für den frisch verzogenen Schweif.
Wasser zum Anfeuchten vor dem Bandagieren.
Ein Verziehmesser, falls das normale Verziehen nicht klappt.
Mähne und Schweif einflechten:
Ein Heunetz.
Eine Kiste als „Trittleiter".
Einen halben Eimer Wasser.
Kardätsche für Mähne und Schweif.
Waschbürste zum Anfeuchten der Haare.
Mähnenkamm, feuchter Schwamm.
Haarspray für widerspenstige Haare.
Dicke Nadel mit großem Öhr.
Kräftigen Baumwollfaden in der Farbe des Langhaars.
Schere mit abgerundeten Spitzen.
Gummibänder in der Farbe des Langhaars.
Schweifbandage für den geflochtenen Schweif.
Die Mähne abscheren:
Einen erfahrenen Helfer, der das Pferd festhält und sich mit Schermaschinen auskennt.
Eine Kiste als „Trittleiter".
Ein Heunetz.
Steckdose.
Eine funktionsfähige Schermaschine.
Verlängerungskabel.
Öl für die Schermaschine.
Ein öliges Tuch und eine Bürste für die Scherblätter.
Eine Kardätsche zum Abbürsten der losen Haare.